음 성

The Voice of God

이춘화 지음

에벤에셀

네가 선 곳은 거룩한 땅이니 네 발에서 신을 벗으라 (출애굽기 3장 5절)

추천의 글

이춘화 집사님은 믿음이 신실한 사람입니다.
이분은 하나님께 대한 열정이 있습니다.
복음에 관한 열심은 타의 모범이 됩니다.

본 교회의 봉사생활에서도 헌신적입니다.
요즘 한국 교회 성도들의 교회 봉사에 대한 헌신도는 점점 약해지는 듯한 느낌을 받습니다.
이런 현상은 현대 교회의 추세인 것 같습니다.

이러한 세대 가운데서도 주님의 교회를 위해 헌신적으로 봉사하고 있습니다. 특히 교회 봉사 중에서도 어렵다는 중고등부 교사로 성실하게 학생들을 잘 지도하고 있습니다.

또한 교회의 공적 기도시간에 적극적으로 참여할 뿐 아니라, 개인 기도생활에도 성실하게 주님과의 만남을 이어가고 있습니다.

이러한 봉사와 기도생활을 통해 본인만의 신앙적인 체험이 적지 않습니다. 그런 가운데서 기도하는 중에 경험한 개인적 신앙 체험 등을 글로 엮어내게 되었습니다.

이 글을 읽는 분들의 신앙생활과 기도생활에 도움이 되었으면 하는 바람으로 이 간증집을 추천하는 바입니다. 본 간증의 글을 읽어가는 동안 하나님의 크신 은혜와 사랑을 깊이 깨닫고 감사하는 시간 되시기를 바랍니다.

마산성산교회 담임목사 오 승 균

시작하며

2010년 새가족 등록을 하고,
10여 년 동안 저와 저의 가정을 통해
하나님이 일하시고 보여주신 기적을 전하는 이유는
제 기억이 갈수록 흐려지기도 하고,
말을 직접 들려주는 것에 한계가 있어서
기록으로 남겨 자녀들과 주변 분들에게
하나님의 역사하심을 전하고 싶었습니다.

또 한 가지 이유는
예배당에 모여서 예배드리는 것과,
가정에서의 예배,
그리고 소그룹 목장 모임 (다락방 모임)을 하여
가정마다 다니면서
함께 서로를 위해 격려하고,

그 가정을 위해 예배드리며 기도하는 것이
너무나 중요한 사역임을 전하고 싶었습니다.

보이지 않는 세계에서
악하고 더러운 영이 얼마나 열심히 일하고 있는지!
매 순간 우리 자녀와 어린 영혼을 지키고,
병들고 약한 자들을 우울과 어둠에서 건져낼 수 있는
유일한 길은 예배입니다.

성경말씀이 선포되고,
찬양과 기도로 성령님이 함께 하시는
예배에는 악한 영이 나가며 병이 치유되고,
어둠이 물러가는 기쁨의 역사가 일어납니다.
할렐루야!

차례

추천의 글 | 4
시작하며 | 6

레위기 1장 | 13
말씀공부 | 18
처음 만난 음성 | 21
찬양 | 25
하나님의 기쁨 | 28
성령세례 | 32
주님이 원하시는 곳 | 35
중보기도 1 | 38

능력의 말씀 | 41

기도 기적 1 | 44

기도 기적 2 | 48

기도기적 3 | 51

하나님이 명령하실 때 | 53

기도의 분량 | 57

중보기도 그 긴 과정 | 59

이웃과의 관계 | 64

목적이 이끄는 삶? | 68

사랑의 기도 | 72

말씀 기적 | 76

믿음으로 산다 | 80

가라지의 양식 | 85

중보기도 2 - 하나님의 계획 | 89

두려움의 영 | 91

중보기도 3 | 95

기도의 승리가 상황의 승리 | 97

방언 통변 | 101

성령의 속삭임 | 104

이기는 자 | 108

청함과 택함 그리고 제자 | 112

인내 | 115

사명　　　|　119

치유 그 후　　|　122

주님이 주신 말씀　　|　125

한 달란트 - 각각 그 재능대로　　|　128

연말이 되면　　|　131

이미 이루심　　|　136

개인의 영성과 실력　　|　138

꿈　　|　141

환상과 기적 ≠ 그리스도의 제자　　|　144

주님의 계획　　|　147

마무리하며　　|　149

PRAY

레위기 1장

2010년 3월 새가족으로 등록하고, 새가족 양육을 마치고 일대일 양육을 받게 되었습니다.

이 교회에 교인이 되기 위한 절차인가보다 하고 참여하게 되었습니다.

큰아들과 교회 출석 문제로 다투기 싫어서 그 과정을 빠르게 마치고 싶었습니다. 문화센터에 다닌다고 생각하자 하면서요.

처음 만난 날 저를 담당하신 자매님이 물었습니다

"예수님이 누구라고 생각하세요?"

"위인이고 4대 성인이죠."

웃으시던 자매님 앞에서 당당하게 얘기했던 기억이 납니다.

매주 일대일 교육 시간을 할애한다는 건 쉬운 일은 아니었습니다. 그렇지만 숙제도 하고 결석하지 않으려고 노력한 것 같습니다.

4월에 교회에서 성령론 세미나를 하는데 참석을 하면 좋겠다고 해서 강의 듣는 것 좋아하고, 배우는 것 좋아하니까 시간을 내어 참석하게 되었습니다.

3일간 다섯 번의 세미나를 듣고 집에 돌아와 방에 앉았는데 아들이 사 주었던 성경책이 읽고 싶어졌습니다.

창세기 읽다가 짜증이 나서 못 읽고, 마태복음 읽다가 1장에 걸려 포기했는데 갑자기 그 성경책을 찾아 펼치게 되었습니다.

우연히 펼친 부분이 레위기 1장이었고, 저는 그냥 읽어 내려갔습니다.

6절 각을 뜰 것이요, 8절 뜬 각과, 12절 각을 뜨고, 각이라는 어휘에 피투성이가 되어 쓰러지는 소가 보이는 것처럼 끔찍하고 거부감이 들었습니다.

그때 예수님이 피를 많이 흘리면서 나타나셨고,
"이것과 그것이 같다."
말씀하시고 사라졌습니다. 순식간에 일어난 일입니다.
저는 아들이 4년 동안 전도할 때마다,
"구약과 신약이 무슨 상관이 있냐?"
논쟁을 하고 복음을 거부했습니다.

구약에서 인간의 죄를 대신하여 속죄제물이 된 양과 소가 찢겨지고, 고통당하고 피를 흘리는 레위기의 제사가 신약의 예수님의 십자가의 피흘리심이 되었다는 것을 몰랐기 때문입니다.

제 영은 예수님의 모습을 봄으로 방바닥을 치면서 통곡하는데, 제 머리로는 내가 왜 울지 생각하고 있었습니다. 그렇게 한참을 큰소리로 울고 나서 생각해봐도 이유를 알 수 없었습니다.

처음으로 예수님을 만난 시간이었습니다.

나를 보내신 이의 뜻은
내게 주신 자 중에 내가 하나도 잃어버리지 아니하고
마지막 날에 다시 살리는 이것이니라

내 아버지의 뜻은
아들을 보고 믿는 자마다 영생을 얻는 이것이니
마지막 날에 내가 이를 다시 살리리라 하시니라 (요한복음 6장 39-40절)

말씀공부

　새가족 등록한 후 성경읽기를 시작해서 1년에 일독을 할 때 많이 힘들었습니다. 제 의지로 읽으려고 하니 어렵고 지루할 때도 있었습니다.
　그러나 예수님을 만난 후 한 달 만에 전체 통독을 하게 하시고, 한 달 통독을 계속하게 하셨습니다.

　호세아서를 읽을 때마다 얼마나 울며 회개하며 애통했는지 모릅니다. 세상을 사랑하고 세상이 주는 물질과 명예를 탐한 저의 모습이 마치 고멜과 같아서 끝없이 돌아오라 부르시고 기다리시는 주님을 보는 것이 너무 죄송했습니다.

말씀을 읽으며 통곡했던 이야기는 끝이 없습니다. 사복음서의 예수님 말씀하시는 부분은 직접 말씀하시는 것처럼 선명하게 들렸습니다.

매일 말씀의 깊이에 놀라고 흥분하며 기뻐 환호했습니다. 말씀을 바로 알아가도록 지혜를 더하여 주셔서 성경 읽는 시간은 가장 집중하는 시간이었습니다.

1권씩 읽어서 66일에 완독을 하게도 하시고,
한 절 말씀을 하루 종일토록 묵상하게도 하시며,
한 단어를 온종일 떠올리며 묵상하도록 하셨습니다.

지금까지 어떤 기적과 환상보다도 말씀을 깊이 묵상할 수 있도록 지혜와 명철을 더해 주신 것에 감사할 뿐입니다.

예수님을 알아가고, 더 깊이 알수록 말씀의 힘이 더해져서 내 생각과 경험을 붙잡으려 할 때마다 하나님 주신 말씀을 붙잡고 매번 씨름하게 해 주심을 감사드립니다.

막연하고 수동적인 신앙이 아니라, 말씀의 능력을 붙들고, 말씀을 입으로 되뇌며, 선포하고 머리에 새길 때마다 예수님이 함께 하시는 것을 알게 해 주심도 감사합니다.

말씀이 육신이 되셔서 오셨고,
지금도 말씀으로 우리와 함께 하시므로
말씀을 읽는 것과 취하는 것, 말씀을 되뇌이며,
말씀을 먹고, 입고 선포하는 것이
힘한 세상에서 하나님 나라 백성으로 살아가는 방패이며,
무기임을 알게 하셨습니다.

그 일을 도우시는 성령님이 매순간 우리의 생각과 판단과 행동을 도우시고 이끌어 주십니다.

처음 만난 음성

 2006년 큰아들이 처음 친구를 따라서 성산교회에 가게 되었습니다.
 아들은 2007년 세례를 받고 매일 새벽예배에 나갔고, 방학이 되어 수련회에 갔다가 예수님을 만났습니다.
 어떤 장면들이 눈앞을 지나가고, 회개의 눈물이 터지고 방언을 받았다고 했습니다.

 고등학교 2학년인 아들이 저에게 엄마는 죄인이기 때문에 예수님 만나야 한다고 말할 때마다 서운하고 듣기 싫었습니다.
 "엄마가 어떻게 살아왔는지 알면서 그런 말을 할 수 있냐?" 하며 화를 내고 다투곤 했습니다.

큰아들이 입대한 후 매주 주일마다 교회 다녀왔냐고 전화했습니다.

군대에서 고생하는 아들의 마음을 힘들게 하고 싶지 않아서 매주 주일마다 예배 마칠 시간 전에 잠깐 들어갔다가 와서 아들 전화 오면 잘 다녀왔다고 말해 주었습니다.

기뻐하는 목소리를 들으면 저도 할 일을 한 것 같았죠.

2009년 그날도 예배 끝날 때 들어가서 앉았다가 나오려는데 그냥 앉아있고 싶었습니다.

몇 시간을 이유도 모르는 채 눈물만 흘리고 있었습니다. 계속 눈물이 흘러내렸고 조용한 예배당에서 혼자 흐느꼈습니다.

어두운 예배당 안에서 갑자기 큰 음성이 들렸습니다.

"남편이 죽기를 바라느냐."

크고 무서운 음성에 얼마나 놀랐는지 주위를 둘러봤지만 아무도 없었습니다.

"남편이 죽게 되면 안돼요. 살려주세요, 살려주세요. 아이들 공부도 해야 하고, 아직은 아니에요."
횡설수설 혼잣말로 울며 말했습니다.
너무 놀라 집에 와서 남편에게 이야기했지만 믿지 않았어요.

새벽 3시경 잠자던 남편이 갑자기 일어나서 병원에 가봐야겠다고 말하고 급히 나갔습니다.
잠이 덜 깨어 멍하게 앉아있는데 응급실에서 전화가 왔어요. 빨리 오셔야겠다는 의사 말에 놀라서 갔더니 30분만 늦었어도 위험했다고, 심장 대동맥이 막혀서 스텐트 시술을 해야 한다는 것입니다.

잠이 들면 도둑이 들어도 모를 만큼 깊이 잠드는 남편을 깨워 응급실로 가게 하신 하나님 은혜에 감사드립니다.
대학병원 가까이 살았던 것도 감사한 일이었어요.

찬양

성령님께서 가르쳐 주신 찬양이 있습니다.

교회에 등록한 지 1년이 지난 어느 날 집에서 멍하게 하나님 생각하고 있는데 제 입에서 찬양이 나왔습니다.

처음 불러보는 곡이었습니다.

시온의 영광이 빛나는 아침 어둡던 이 땅이 밝아 오네
슬픔과 애통이 기쁨이 되니 시온의 영광이 비쳐오네

시온의 영광이 빛나는 아침 매였던 종들이 돌아오네
오래전 선지자 꿈꾸던 복을 만민이 다 같이 누리겠네

보아라 광야에 화초가 피고 말랐던 시냇물 흘러오네
이산과 저 산이 마주쳐 울려 주 예수 은총을 찬송하네

땅들아 바다야 많은 섬들아 찬양을 주님께 드리어라
싸움과 죄악이 가득한 땅에 찬송이 하늘에 사무치네

너무 놀라서 아는 권사님께 불러주니 550장 찬송가인 것을 알려 주셨습니다.

가정예배를 시작하고 두 아들과 함께 찬양과 말씀 봉독과 기도를 아주 어설프게 드렸습니다.

하나님이 얼마나 기뻐하는 예배인지 알게 되었습니다.

무엇보다 가정예배와 소그룹 공동체 예배와 교제가 중요한 영적 기지임을 알게 되었습니다.

최전방에서 싸우는 영적인 무장이며 무기입니다.

큰 소리로 부르는 찬양은 악한 영이 싫어하는 것이며, 찬양의 노랫말은 기도입니다.

2018년 힘든 시간이 왔을 때 제가 가장 많이 불렀던 찬양 중 한 곡은 '기도를 멈추지 마라'입니다.

기도할 힘도 없을 때 그 찬양을 부르면 기도할 생각이 나고, 기도의 자리에 앉게 되었습니다.

찬양할 때에 슬픔과 애통, 기쁨과 희락을 잘 알게 되었습니다. 너무나 많은 찬양곡으로 위로와 회복을 주신 주님이 예비하신 놀라운 은혜에 감사를 드리게 됩니다.

돌아가신 친정어머니는 161장 '할렐루야 우리 예수', 478장 '참 아름다워라' 이 두 곡을 돌아가시기 전에 가장 많이 부르셨습니다.

저는 마음이 힘들 때 212장 '겸손히 주를 섬길 때'를 가장 많이 부르고 있습니다.

새해 특별 새벽예배를 다녀온 후 남편은 40년 전에 불렀던 복음성가를 생각해 내었습니다.

흙으로 사람을 지으사 (은혜찬송가 174장)
흙으로 사람을 지으사 그 코에 생기를
불어 넣으신 주 하나님
우리 위해 아들을 세상에 보내신 사랑의
주 하나님을 사랑해

나는 하나님 형상 따라 지음 받은 몸이니
이 몸을 주께 바치리
항상 내 생활 중에 주를 부인하지 않으며
내 주를 섬기렵니다

하나님의 기쁨

　2012년 성남시 분당구 수내동에서 지내게 되었습니다.
　다세대주택인데 여동생이 사는 아파트와 가깝고, 조카들을 돌봐주기 편해서 그곳에 있기로 했습니다.
　하루는 동네를 산책하다가 빈집을 발견하고 마음에 들어서 부동산에 물어보게 되었습니다.
　주인이 미국에 들어가면서 팔지 않고 두고 간 집이라고 하면서 꼭 사고 싶으면 잘 이야기해보겠다는 것입니다.

　예수님을 만나서 세상이 다 내 것처럼 느껴진 저는 기도했습니다.
　"주님, 집이 필요해요. 집을 주시면 안될까요."
　다음 날 새벽에 꿈인지 깨어서인지 정확하지 않은 상태인데 숫자가 머릿속에 강하게 새겨졌습니다.

무슨 숫자인지 모른 채 교회 가는 길에 처음 가는 길로 들어섰고, 처음 보는 가게에 들어갔습니다.

눈앞에서 어떤 분이 로또를 적고 있었고, 저는 제 머릿속에 저장된 숫자가 로또 번호인 것을 알 수 있었습니다.

돈을 꺼내어 사서 숫자에 표시만 하면 끝나는 것입니다.

그런데 제 입에서 이런 말이 나왔습니다.

"하나님이면 충분합니다."

그리고 문을 열고 나오는데 얼마나 큰 기쁨이 퍼붓듯이 쏟아지는지 그 기쁨을 주체할 수가 없었습니다.

'아, 하나님의 기쁨이구나!'

내 고백을 들으시고 기뻐하시는 하나님을 느끼며 눈물이 나왔습니다. 그리고 집을 달라고 기도한 제가 부끄러웠습니다.

하나님은 재물을 사랑하는 마음이 크지 않을 때 재정을 채워 주시고, 양식을 위해 기도하지 않아도 어린 영혼을 위해 눈물로 기도하는 자들에게 먹을 것, 입을 것을 주시는 아버지 되심을 알게 하셨습니다.

성령세례

고등학교 다닐 때 친구들과 세례를 받았던 기억이 있습니다. 30년이 흘러 2010년 창원에서 교회에 새가족으로 등록하고 2년 후에 분당우리교회에 다니던 때 일입니다.

2012년 5월 금요기도회에서 여전히 울며 기도하고 있었습니다. 기도만 하면 눈물이 쏟아질 때였습니다.

살아온 세월이 너무 후회되고 부끄럽고 좌절되었기 때문입니다.

하나님 떠나 30년을 세상 속에서 얻고자 애쓴 것들이 너무 헛되고, 탐욕과 육신의 미련한 것임을 알게 되었습니다.

울면서 기도하고 있는 저의 눈앞에 (눈은 감고 있었고) 멀리서 아주 작은 물체가 천천히 가까이 다가왔습니다.

한동안 바라보고 있는데 십자가 모양이 커지면서 예수님이 피를 흘리며 십자가에 못 박혀 있었고, 그 밑에 제가 엎드려 있었습니다.

예수님의 피가 흘러 제 주변을 에워싸며 점점 많은 피가 저를 감싸는데 그때 제 눈앞에 어떤 장면들이 필름처럼 지나가고 한참 동안 한 장면씩 지나갔습니다.

그리고 눈물이 터졌는데 제가 태어나서 처음 흘려보는 왕방울 같은 큰 눈물방울이 누군가 밖에서 뽑아내듯이 마구 쏟아져 나왔습니다.

얼마나 울었는지 한참을 우는데 기도하려는 제 혀가 꼬이면서 외국어가 나왔고 옆에서 기도하던 큰아들이 "어머니 방언 받으셨네요." 하는 말이 들렸습니다.

일본어 같기도 하고 확실하지 않은 말로 기도하게 되었습니다. 지금까지 기도의 내용에 따라 다른 언어로 기도하게 하십니다.

방언을 주시는 대부분의 이유는 중보기도를 해야 할 사역과 연관이 있음을 알았습니다.

예수님의 피로 세례를 받고 난 다음날 자연이 너무 아름답게 보여 너무 놀랐습니다. 나무가 손을 흔들고, 빛이 났습니다. 마치 찬양을 하는 듯 바람에 흔들리며 소리가 났습니다.

지나가는 학생들이 너무 사랑스러워 모두 꼭 안아주고 싶었습니다.

다락방 소그룹 자매들이 소중하고 이뻐서 함께 예배드리는 시간이 행복했습니다.

함께 기뻐하고 슬퍼하며 매일 만나고 싶어서 자주 연락하고, 수시로 모임하며 집에 필요한 물건을 서로 나누었습니다.

어느 가게에 들어가든 예수님 이름을 알려주고 싶었습니다. 버스를 타면 그 기사를 위해 기도하고, 옆자리에 앉은 사람을 위해 기도했습니다.

누구를 만나든 그분을 위해 기도하고 싶었습니다.

하나님 나라가 임한 것임을 알게 되었습니다.

주님이 원하시는 곳

하나님은 우리가 살아왔던 모습, 환경, 생각까지 모두 알고 계십니다.

하나님을 모를 때 실수나 습관으로 잘못 살아왔던 모든 것을 하나씩 고쳐 주시고, 교정하시고 새로 만들어 주십니다.

관계나 형편이나 원하는 모든 부분을 하나님의 치밀하시고 완전하신 방법으로 회복시키십니다.

하나님의 놀라운 은혜 안에 살다 보니 신학을 공부해서 전도사가 되고 싶다는 꿈이 생겼습니다.

"주님, 저 신학 공부를 하고 싶어요."

기도했습니다.

"너의 사역지는 시댁이다."
곧바로 성령님께서 말씀하셨습니다.

저는 이해가 되지 않았습니다.
시집살이 십 년을 하고 나와서 이제 자유롭게 하고 싶은 일 하면서 살려고 했는데 다시 시댁으로 들어가라 말씀을 하시다니, 너무 원망스럽고 믿기지 않았습니다.

다음날 다시 기도했습니다.
"주님 저 신학 공부해서 가정사역자 되고 싶어요.
 교회 자매님을 위해 기도하고 힘든 이야기 들어주는
 전도사가 되고 싶어요."
"너의 사역지는 시댁이다."
 똑같은 말씀이었습니다.

계속 기도해도 소용없는 줄 알고, 마음속으로 시댁에 다시 들어가나 봐라 했습니다.

4년 후 시아버지 병환으로 다시 시댁에 들어온 지 7년이 되었습니다. 그 동안 일어났던 수많은 이야기는 다 기록할 수가 없습니다.

새벽 3시에 깨우셔서 시댁 가족을 위해 기도하게 하시며 온갖 악한 영의 모습을 나타내 보여 주셨습니다.

종가로 제사가 많고, 유교, 불교, 철학, 주역 많은 우상을 믿고 섬기는 시댁 가족을 위한 하나님의 전쟁 선포는 놀랍게도 매일 밤 새벽 나타났다가 사라지는 더럽고, 악한 영의 거센 저항과 약한 곳을 공격하는 치열한 사건이 벌어진 것입니다.

하나님의 자녀는 안전하게 보호받고, 항상 평탄한 길로 인도하실 줄 알았습니다.
그러나 시간이 지나 거세고 치열한 영적인 전장에서 하나님의 그 크신 사랑과 영광을 알아가게 하시는 은혜가 얼마나 깊고 넓은지 알게 하셨습니다.

중보기도 1

이사해서 처음 가는 교회에 본당 문을 여는데 갑자기 성령님의 음성이 들렸습니다.

"이곳에 복음이 필요한 자가 많다, 목사를 위해 기도하라."

"저는 이곳 목사님을 모르는데요."

그리고 본당에 앉자마자 기도가 터졌습니다.

그 후 전도 폭발부에 등록하게 되었고, 교회 교인들에게 복음을 전하는 신비로운 일이 생겼습니다. 거의 100번은 하게 하셨습니다.

아직 준비가 필요해서, 믿음이 부족해서, 더 무엇인가를 해서 그때 주시는 복음의 은혜를 받겠다는 교인이 많아 너무 놀랐습니다.

자신의 상태와 상관없이 일방적으로 사랑을 부어 주시는 그 놀라운 은혜를 준비가 되면 받는다고 했습니다.

"그러면 아무도 받을 자격이 되는 사람 없어요." 라고 해봤지만 어쩔 수 없었습니다.

예수님 이름으로 기도하고, 찬양하고 모임을 해도 그 속에 예수님이 없는 교인이 많다는 것은 충격이었습니다.

우리가 매순간 한 사람씩 떠올리며 기도를 하는 것이 너무 중요함을 알았습니다.

사랑과 긍휼의 마음을 부어 주시는 하나님의 열심과 신실하심 때문에 모든 이가 구원의 복을 누리게 되는 줄 알았습니다.

구원을 받는 전적 은혜에 대해 우리가 아는 것과 실제가 다름을 보고 많이 슬퍼하며 기도하게 하셨습니다.

주변의 이웃과 친지와 가족, 친구를 위한 기도가 얼마나 소중한지, 얼마나 절실한지 주님은 매 순간 기다리고 계십니다.

능력의 말씀

　세상 사람들은 좋은 글귀나 격언, 지혜의 말을 기억하고 힘들 때마다 의지합니다.
　저도 어려운 일이 생길 때마다 그렇게 하였고, 세상 사람들이 말하는 승리의 공식을 따라 하기도 했습니다.

　하나님을 믿으면서 말씀을 의지하여 그 말씀대로 선포하는 것이 얼마나 큰 능력이 있는지 알게 하셨습니다.

　마음이 힘들 때마다 성경말씀을 적어서 거실 벽에, 방 안에 붙이고, 매 순간 읽으며 눈에서 머리로 마음으로 새겨질 때까지 그 말씀대로 될 것 같은 믿음이 생길 때까지 선포하고, 선포했습니다.

"딸아 네 믿음이 너를 구원하였으니
평안히 가라 네 병에서 놓여 건강할지어다" (막 5:34).

"두려워하지 말고 믿기만 하라" (막 5:36).

"다만 너희는 그의 나라를 구하라
그리하면 이런 것들을 너희에게 더하시리라" (눅 12:31).

"적은 무리여 무서워 말라 너희 아버지께서 그 나라를
너희에게 주시기를 기뻐하시느니라" (눅 12:32).

"좁은 문으로 들어가기를 힘쓰라 내가 너희에게 이르노니
들어가기를 구하여도 못하는 자가 많으리라" (눅 13:24).

"내 양은 내 음성을 들으며 나는 그들을 알며
그들은 나를 따르느니라" (요 10:27).

"자기의 생명을 사랑하는 자는 잃어버릴 것이요
이 세상에서 자기의 생명을 미워하는 자는
영생하도록 보전하리라" (요 12:25).

"너희가 나를 사랑하면 나의 계명을 지키리라" (요 14:15).

수많은 말씀을 읽고 선포하고 늘 입에서 떠나지 않게 했습니다.

너무 많은 말씀들이 저의 영혼을 살리고, 회개하게 하며, 눈물로 기쁨과 감사와 찬양을 부르게 하였는지 모릅니다.

"하나님께 감사하리로다

너희가 본래 죄의 종이더니

너희에게 전하여 준 바

교훈의 본을 마음으로 순종하여

죄로부터 해방되어 의에게 종이 되었느니라"

(로마서 6장 17-18절).

기도 기적 1

하나님의 세계로 들어가는 기도는 신비하고 놀라운 시간의 체험입니다.

처음 기도하고 싶은데 할 줄 몰라서 주기도문을 보면서 읽기만 해도 놀라운 체험을 하게 하셨습니다.

고3 아들이 게임에 빠져서 공부하지 않고 계속 컴퓨터 앞에서 게임과 영상을 보던 때였습니다.

아들의 눈이 바라보기 불편할 만큼 눈동자가 치우치고 공허해 보였습니다.

저는 기도하고 싶은데 할 줄 몰라서 방 안에 앉아 하나님하고 부르는 목소리가 어색해서 혼자 부끄러웠습니다.

하루는 주기도문을 펴놓고 떠듬떠듬 읽고 난 후 문을 열고 거실로 나갔을 때 아들이 서 있었고, 다리 아래로 처음 보는 물질이 천천히 나가는 것이 보였습니다.

구역질이 나오는 징그럽고 흉측한 모습을 한 것이었습니다.
너무 무서워 소리를 지르는데 아들이 제 모습에 놀라서 "왜 그러세요?" 하며 꼼짝을 못하고 서 있었습니다.

그 후 아들의 눈이 정상이 되고 공부하기 시작했습니다.
후에 교회 권사님한테 물어보니 악하고 더러운 영이 나간 거라고 하였습니다.

기도 기적 2

 2012년 8월 어느 날 새벽 3시에 눈이 떠졌습니다. 그리고 기도하라는 마음을 주셔서 누구를 위한 기도인지 모른 채 5시까지 기도하였습니다.

 한 달 동안 매일 새벽 3시에 깨우시고 기도하게 하셨고, 마지막 날에 큰 전광판에 숫자가 반짝이며 새겨져 있었습니다.
 "2012. 11. 20."
 "주님, 무슨 숫자인가요?"
 "친정아버지가 저 날 돌아가시니 가서 복음을 전하라."
 날이 밝자마자 어머니께 전화해서 말씀을 드렸지만 믿지 않으셨고, 아버지께는 말씀드리지 않았습니다.

저도 믿기지 않았지만 하나님 명령에 순종하기 위해 복음을 전하러 매주 주말에 진해로 갔습니다.

"60억 인구를 한 사람이 대신한다는 게 말이 되냐?" 하시며 계속 거부하셨습니다.

저는 돌아가시기로 정해진 날짜를 의심했지만, 매주 복음을 전하기 위해 3개월을 다녔습니다.

제가 성남에 있을 때입니다.

안방에 크게 사도신경과 주기도문을 적어서 붙여드리고, 매일 소리 내어서 읽으시라고 했습니다.

친정집 주변에 사시는 집사님이 오셔서 요한복음을 매주 읽어드렸습니다.

이제 알려주신 날이 3일 남았을 때 아버지는 기력이 조금 없어 보였습니다.

아버지가 복음을 받아들일 거라는 희망도, 바람도 없이 다시 복음을 전하고, 아버지를 보는데 정말 놀랐습니다.

"나, 예수님 믿는다!" 하시며 웃으시는데, 여태껏 본 적 없는 밝고 환한 웃음이었습니다.

저는 마음으로 아버지가 낯설었습니다.

다음날 월요일 저는 성남으로 올라가고, 아버지는 기운이 없어서 영양제를 맞기 위해 한마음병원에 가셨습니다.

어머니는 아버지가 하루종일 주무시는데 아무래도 이상하다고 전화를 하셨습니다.

분당에서 퇴근한 여동생 가족과 출발해서 새벽 2시에 도착해보니 중환자실에서 아버지는 눈을 감지 못하고 기다리고 계셨습니다.

아버지의 손을 잡고 기도를 해드리자 평안히 눈을 감고 돌아가셨습니다.

기도기적 3

2016년 9월 하나님이 말씀하신 대로 시댁에 다시 들어가게 되었습니다.

시댁이 있는 동네에 교회를 위해 기도하라는 마음을 주셔서 새벽마다 기도하게 되었습니다.

하늘이 새까맣게 덮여 있었는데 악한 영이 온 동네에 가득한 것 같았습니다.

매일 새벽기도를 하게 하셨고, 몇 달 지나서 한 줄기 빛이 그 하늘을 뚫고 강하게 비치며 동네를 밝혀 주는 것을 보았습니다.

그때는 그 의미를 몰랐지만 얼마 지나 알게 되었습니다.

그 동네에 있는 교회에서 주일학교 담당 전도사를 뽑는데 사단은 복음의 사람이 들어오지 못하게 방해하고 있었던 것입니다.

예수님을 만나보지 못한 전도사가 와서 주일학교를 맡게 되기를 바랐던 것입니다. 그러나 복음의 사람이 뽑혀 왔습니다. 귀한 기회에 같이 점심식사를 하게 되었고, 그 젊은 전도사의 간증을 듣게 되었습니다.

매 순간 우리가 지역을 위해 기도해야 할 이유를 알게 하셨습니다.
기도의 기적은 너무 많아서 다 기록할 수 없습니다.
하나님은 자녀들이 기도의 자리 특히 골방에서 혼자 기도하며 하나님의 임재를 경험하기를 원하신다고 생각합니다.

하나님은 자신을 드러내시고, 함께 하나님의 계획을 나누기를 원하시며, 기도의 사명을 기도하는 자리에서 부어 주시기를 원하십니다.

하나님이 명령하실 때

"가서 남편을 섬겨라"

성령님의 음성이 들렸을 때 저는 정말 받아들일 수가 없었습니다.

사람이 없는 조용한 공원을 걸으면서 얼마나 화를 내고, 소리를 지르고 가슴을 쳤는지 모릅니다.

지금은 너무 부끄럽고 죄송하지만 그때는 그랬습니다.
"제가 왜 가야 합니까? 저만 매일 손해 보고 참고 희생해야 합니까? 섬기라고요, 왜요?"

얼마나 소리를 쳤는지 분당중앙공원이 떠나가듯 했습니다. 거의 2주 내내 조용한 오전에 나와서 큰 목소리로 소리치고 땅을 발길질했습니다.

예배 때마다 은혜받고, 말씀 볼 때마다 울던 저입니다.

친정아버지가 은혜로 예수님을 믿음으로 영접하고 고백하고 돌아가시는 모습도 봤고, 제 병이 나았고, 방언을 받았고, 모든 필요를 채우시는 기적도 체험했던 저입니다.

따로 지내면서 마음의 상처를 받지 않고 살려고 멀리 왔는데, 마치 모르시는 것처럼 이런 명령을 하시니 얼마나 서운하고 원망스럽던지요.

그러나 매일 제 마음을 위로하시고, 은혜로 감싸 주시며 마음을 풀어 주시니 순종하지 않을 수 있을까요.

6개월 후에 다시 남편과 한집에서 살게 되었습니다.

2014년 3월 처음으로 남편과 함께 교회에 나가서 예배드리던 때를 잊을 수 없습니다.

남편은 예배에 참석하고 오면 마음이 편안하지 않아서 어쩔 줄 몰랐습니다.

저는 얼굴을 보기 무서워서 바라보지 못하고 기분을 풀어서 주일에 또 같이 가려고 발마사지를 배워서 열심히 해 주었습니다.

반찬을 좋아하는 것으로 매번 준비하고, 기분을 맞추려고 무던히 애썼습니다.

속으론 '교회 나오지 마!'하고 소리치고 싶었으나 성령님은 한마디도 못하게 막으셨습니다.

매일 밤 눈물로 기도하게 하셨고, 그렇게 3개월 지나면서 남편의 표정이 편안해지고 부드러워졌습니다.

지금까지 예배를 같이 참여하고 있습니다.
남편의 '아멘' 소리가 너무 감사합니다.

기도의 분량

2013년 시골에 사는 지인의 남편이 암으로 투병하다 호스피스 병동에 입원하게 되었다는 소식을 들었습니다.

집에서 그분을 위해 기도하는데 가서 그분 곁에서 기도하라는 마음을 주셨습니다.

버스를 타고 두 시간을 가서 침대에 누워 있는 옆에 바닥에 앉아 기도하게 하셨습니다.

중학생이던 그 아들이 와서 앉았고 더욱 눈물이 나왔습니다. 한참 기도하고 일어나서 그 아들에게 "천국에서 아버지를 만나야겠다." 하니 그래야 될 것 같아요 대답했습니다.

지인은 오랫동안 교회에 다녔지만 그 남편은 믿지 않았고 대장암으로 이제 죽음 앞에 있었습니다.

기도를 마치고 집으로 다시 돌아왔고 그 남편은 자기 아내에게 이렇게 말을 했다고 합니다.
"당신이 나를 위해 그 동안 요만큼 기도했는데, 친구가 와서 이~ 만큼 기도하고 갔다."
하나님이 하게 하신 기도는 불신자의 영혼에도 어떤 울림이 있나 봅니다.
다음날 목사님이 오셔서 복음을 전하셨고, 주님을 영접한 그 남편은 평안히 눈을 감았습니다.

가족을 위한 기도나 친구, 이웃을 위한 기도에는 분량이 있나 봅니다.
믿지 않는 그 남편이 손가락으로 표시한 양의 의미를 다 알 수 없지만, 하나님이 받으시는 그 영혼을 위해 필요한 양의 기도가 있다는 것을 처음 알게 되었습니다.

중보기도 그 긴 과정

2014년 남편과 함께 예배를 매주 드리고 두 아들은 각자 자신의 학업을 열심히 하고 있었던 때, 남편은 다니던 회사가 어려워서 그곳을 나오게 되었습니다.

저는 주님께 기도했습니다.
"주님, 제가 하던 일을 다시 시작해도 좋을까요?"
"3년 후에 엄청난 일이 일어날 것이다."
저는 무슨 일이 일어날까 생각했습니다.
아무래도 죽는 일이 엄청난 일 같아서,
"제가 죽게 됩니까?"
물었지만 아무 대답이 없으셨습니다.

곰곰이 생각해보니 57세에 죽어도 아까울 것 없을 것 같았는데 친정어머니 생각이 났습니다.

"주님, 엄마는 저를 많이 의지하고 있습니다."

"86세까지 잘 사시다 이리 올 테니 걱정하지 말아라." 하셨습니다. 그래서 저는 3년 후에 죽게 될 것이라고 친구들에게 이야기하며 다녔습니다.

3년 후 2017년에 엄청난 일이 일어났습니다.

기도할 때 악한 영의 모습이 나타나고, 기도할 때 그 악한 영은 떠나가는 것입니다.

제가 봤던 귀신, 마귀, 악한 영의 모습은 수십 종류입니다. 색도 다르고, 모양도 다르고, 크기와 압도적인 기운도 달랐습니다.

이렇게 기도하는 능력과 권세를 주신 이유는 나중에 알았지만 중보기도 사역에 쓰실 계획이었던 것입니다.

큰아들이 밖에 나가지 않고 방 안에서 생활하고 있을 때, 다른 악한 것은 다 떠나는데 끝까지 떠나지 않고 아들의 머리를 장악하고 있는 강한 것이 있었습니다.

얼마나 강력한 모습인지 지금도 섬뜩합니다. 생각을 장악하고 죽음으로 유혹하는 아주 지독한 것입니다.

3년을 기도해도 낫지 않아서 주님께 불평을 터트렸습니다.

그러자 "네가 사랑을 아느냐?" 하셨고,

저는 "사랑을 모르는 사람이 있을까요?" 하였습니다.

"사랑은 오래 참고 사랑은 온유하며" 말씀을 생각하는 순간 눈물이 터져 나왔습니다.

오랜 시간 아들을 지켜보며 지치고 힘들어 사랑이 메말라 인내하지 못하며, 온유하지 못한 저를 보게 된 것입니다.

사랑이 없이 하는 기도는 악한 영을 물리칠 수 없다는 영의 세계를 알려 주셨습니다.

아들조차도 사랑으로 기도하지 못하는데 어떻게 이웃을 위해 사랑의 중보기도를 할 수 있을까요.

하나님께 죄송해서 많이 울고 회개했습니다.

방언을 말하고 귀신을 쫓아내는 중보기도 사역은 사랑이 없으면 하나님이 기뻐하시는 일이 아닙니다.

2019년 가을에 예배를 다시 회복한 사랑하는 아들은 지금까지 예배드릴 때 가장 기뻐하며 즐거워합니다.

친정어머니는 2023년 1월 28일 86세로 돌아가셨습니다. 돌아가시기 하루 전 저의 손을 잡고 함께 기도를 오랫동안 드렸습니다.
55년을 절에 다니면서 자신이 부처를 믿는다고 생각하셨고, 아버지와 저의 가정을 위해 해마다 부적을 사서 주시던 어머니였습니다.

돌아가시기 3년 전부터 저와 함께 예배드리고, 찬양하며 기뻐하셨던 어머니는 평안하게 예수님 계신 곳에 가셨습니다.

이웃과의 관계

전세를 옮겨 새로 취직한 남편 직장이 가까운 곳으로 이사해야 하는데 집주인 여자는 도무지 말이 되지 않는 말만 하고 있었습니다.

이사 오려는 선생님도 제가 구했고, 이사만 나가면 되는데 고집을 부리고 있었습니다.

남편도 안되고 제가 설명을 해도 안되는 상황이었습니다.

운전하면서 가는 중 답답해서,
"주님 이럴 때는 어떻게 해야 할까요?"
한마디 툭 튀어나왔습니다.
"그를 위해 기도해라."
"제 마음에 미워서 기도가 안 나와요."

그러자 바로 몇 가지 생각이 떠올랐습니다. 주인 여자가 지나가면서 하던 신세 한탄 같은 말들…….

방언으로 기도가 쭉 나왔고, 그날 집주인은 저의 얼굴을 빤히 쳐다보더니 두 시간을 자기 인생 이야기를 늘어놓고 이사해도 된다고 했던 것입니다.

그 후 몇 년 동안 그분이 운영하는 식당에서 짬뽕을 먹었는데, 연락이 뜸한 시간이 지나고 들리는 이야기는 교회에 다닌다는 것입니다.

하나님의 사랑은 지극하시죠!

또 다른 이웃 이야기입니다.

옆집에 사는 집사님 어머니가 요양병원에 계신다고 해서 한번 찾아뵈러 같이 갔습니다. 파킨슨 병으로 움직이지 못하고 누워만 계셨는데 그냥 얼굴만 보고 왔습니다. 특별히 마음 아프거나 슬프지 않았어요.

딸인 옆집 집사님이 요양보호사로 그 요양병원에서 일하고 있어서 매일 엄마를 본다고 하니 그랬습니다.

어느 날 집에서 기도 중에 말이 툭 튀어나왔습니다.

"옆집 집사님 어머니가 복음을 듣고, 제대로 믿고 돌아가셔야 할 텐데요."

이상해서 옆집 집사님께 전화했더니 음식을 잘 드시다가 안 드신다고 했습니다.

"목사님께 부탁해서 복음을 들려주시면 좋겠어요."

그렇게 그날 복음을 듣고 영접하시고, 다음날 돌아가셨습니다.

하나님은 중보기도자를 항상 찾으십니다.

또 다른 이웃 이야기입니다.

운전하면서 가는데 갑자기 아는 집사님 생각이 나서 통화를 하는데 친정아버지가 입원하셔서 간병하고 있다는 소식이었어요.

"수고하세요." 하고 전화를 끊고 가다가 갑자기 눈물이 터졌습니다.

통곡을 하는데 마치 장례식장에서 가장 친한 사람이 죽어도 울지 않을 큰 울음이었습니다.

한참 울다가 이상해서 다시 전화했습니다.

아버지가 어떤 상태냐고 물었더니 다음 주 퇴원하라고 한다는 것입니다.

목사님께 부탁해서 복음을 들려드리면 좋겠다고 했습니다.

집사님은 아버지가 평생 안 믿으신 분인데 소용이 있겠냐고 했지만, 마지막까지 포기하면 안된다고 하고 끝까지 악한 영을 대적해서 기도해야 한다고 말했습니다.

다음날 목사님이 병원으로 가셔서 복음을 전했고, 그 다음날 돌아가셨습니다.

또 다른 이웃 이야기입니다.

한 집사님이 시어머니 문제로 동서와 갈등이 심해서 집에서 계신 건강한 분을 요양병원으로 모셨습니다.

어느 날 그 집사님을 위해서 기도가 나오면서 슬픈 눈물이 터져 나왔습니다.

한참을 울었고 뒤에 알게 된 일은, 그 시어머니가 자신의 의사와 상관없이 요양병원에 가신 충격으로 병환이 없는데도 한 달 만에 돌아가셨답니다.

하나님의 눈물임을 알 수 있었습니다.

목적이 이끄는 삶?

하나님은 다양한 방식으로 우리를 부르십니다.

모태신앙으로 교회 안에서 자라고 평생 예배를 드린 교인도 하나님이 부르시는 순간을 만나게 되는 것을 봅니다.

저처럼 하나님을 떠나 세상 속에서 자신의 삶만을 위해 살아왔던 이기적인 사람도 부르시는 순간이 있습니다.

경제적인 문제가 생각대로 풀리지 않아서 괴로움과
방황 속에 있을 때,
병이 들어 삶의 마지막을 생각해 보게 될 때,
자녀 문제나 부부간의 갈등으로 삶이 너무 힘들고
지쳐서 절망할 때,

사회생활이 어려워서 다른 사람들과 관계가 막히고 외로울 때,
나아갈 방향과 목적을 잃고 헤매는 순간이나,
자신의 한계로 좌절했을 때,
여러 이유로 하나님 앞에 나아올 환경을 만들어 놓으시고,
결국 기도하게 하시는 순간이 있습니다.

자연스러운 일상에서나, 극적인 상황에 처하게 될 때에 하나님을 만나게 되고, 하나님의 살아계심을 체험하게 해 주십니다.
우리는 하나님을 만나게 되면 그 크신 사랑을 알게 되고, 감격하게 되며 삶의 우선순위가 바뀌게 되는 은혜를 누리게 됩니다.

그렇게 되면 대부분 우리를 부르시고 은혜 주시는 이유를 묻게 되고 찾게 됩니다.
아이가 엄마는 왜 내게 선물을 사줘요? 라고 묻듯이, 하나님은 우리에게 어떤 일을 하게 하시고, 어디를 가게 하시고, 누구를 만나게도 하십니다.

그러나 그 무엇보다 주님이 먼저 우리에게 원하시는 것은 주님을 더 알기를 원하시는 겁니다.

주님과 더 많은 시간을 갖고, 마음을 통하고, 주님의 사랑 안에서 더 기뻐하고, 주님의 말씀을 더 듣고, 주님 안에서 더 회복되기를 원하시는 것 같습니다.

목적으로 이끄는 삶의 방식에 익숙한 우리는 하나님을 만나면, 곧 하나님이 주시는 사명이나 나의 삶의 목적을 빠르게 알기 원하고, 그 방향만 찾게 됩니다.

깊은 호흡을 하며 아름다운 나무와 꽃을 보기보다 세상 속에서 다른 사람에게 영향을 주기를 원합니다.

오로지 사명의 삶을 사는 것이 하나님을 만난 이유라고 성급하게 판단하는 경우가 많은 것 같습니다.

사랑의 기도

우리는 많은 기도를 합니다.
중언부언할 때가 많습니다.
자신의 원함을 매일매일 기도할 때도 많습니다.

하나님은 개인의 간구를 두 번 이상 하는 것이 주님 기뻐하는 기도가 아님을 가르쳐 주셨습니다.

그 원수에 대한 기도를 끈질기게 줄기차게 계속 매일 하기를 원하십니다.
공중 권세 잡은 마귀 사단을 향해 지속적인 기도로 하나님께 간구하기를 원하십니다.

어느 금요기도 시간에 동네에서 가끔 마주치는 아주머니 얼굴이 떠올랐습니다.

평소에는 인사도 없이 지나치는 이웃이었습니다. 눈길을 피하는 모습이라서 저도 모른 척하는 사람입니다.

하나님은 그 사람의 가슴 안에 있는 붉고 강렬한 어떤 악한 영을 보여 주시고 기도하게 하셨습니다.

한 시간 가량 땀이 날 정도로 집중해서 기도하게 하셨고, 그러자 그 붉고 무서운 영이 차츰 그 사람 가슴에서 머리 쪽으로 옮겨지더니 쑥하고 빠져나가는 것을 보여 주셨습니다.

너무 놀라서 다음 날 아침이 되자마자 그 집을 찾아갔습니다. 아랫집 할머니 집에 세 들어 사는 줄 알고 있었습니다.

현관문을 두드리니 들어오라고 하는 소리가 들려서 문을 열고 보니 아침부터 소주를 마시고 앉아 있었습니다.

어젯밤 금요기도 시간에 있었던 일을 차근차근 얘기하면서 하나님은 당신을 너무 사랑하신다고 전했습니다.

그러자 자신은 절에 오래 다녔고, 술집 마담이었으며 몸을 파는 사람이었다고 하였습니다.

나이 들고 병이 들어 그 일이 끊겨 젊은 남자와 동거하는데, 그 남자가 자신을 너무 무시하고 못살게 굴어서 어떻게 둘이 죽을까 고민하고 있었다고 합니다.

혼자 죽기에 억울해서 가스통을 폭파시켜서 둘이 같이 죽을 생각만 하고 있었다고 합니다.

나는 이런 여자도 사랑하시는 하나님 때문에 눈물을 흘렸습니다.

하나님의 사랑의 크기와 깊이와 넓이는 어디까지일까요

그 후 그 남자와 헤어지고 교회에 몇 번 같이 가서 예배드리고 얼굴이 편안해졌습니다. 다른 곳으로 이사 갔지만 간혹 마주치면 노래주점 주방에서 일한다고 합니다.

사도행전 교회처럼 이런 여성들이 살아갈 수 있도록 돕는 교회가 있다면 주님이 얼마나 기뻐하실까요.

동네에 점집과 역술집이 들어와서 물러가라고 기도하는데 주님이 하지 말라고 하십니다.

불쌍한 사람들이 먹을 게 없어서 하는 것이라며 몇 달 되지 않아 점집은 이사가게 되었고, 사업이 되지 않아서 그 다음에 들어온 철학관도, ㅇㅇ보살집도 동네에서 보이지 않게 되었습니다.

하나님은 가난한 자들을 지켜보고 계십니다.

우리의 기도와 손길을 기대하시며…….

말씀 기적

 2012년 예수님을 만난 이후에 가장 큰 변화는 성경을 새벽부터 밤까지 읽는 것입니다.

 예수님 알기 전에는 창세기 읽다가 받아들이기 힘들어서 중단하고, 마태복음 처음 부분부터 족보에 질려서 쉬었는데, 이제는 말씀을 내 눈으로 읽는 느낌이 아니라, 말씀이 나를 끌어당겨서 눈으로 밀어 넣어주는 것같이 사로잡혀 읽었습니다.

 이 경험은 해보신 분들은 공감하실 것입니다.
 말씀이 눈으로 들어오고, 머리에 기억되면서 마음에 각인되는 놀라운 시간이었습니다.

성경말씀이 시간과 공간을 뛰어넘어, 지금 공간과 나의 상황 나의 모든 것으로 해석되게 하시고, 알게 하시고 발견되게 하셨습니다.

이렇게 재미있고, 슬프고, 괴로운 책은 없을 겁니다.

제 안의 죄와 인간 자체의 깊은 죄성을 알면 알수록 하나님처럼 되고자 하는 욕망과 의지를 끊임없이 버릴 수 없는 처참한 모습을 직면하게 됩니다.

그 좌절과 고통을 끌어 안아주시는 예수님을 만날 때마다 눈물과 통곡이 쏟아져 나왔습니다.

혼자서 울다가, 웃다가, 찬양하다, 기도하다 말씀을 읽는 시간은 예배 그 자체였습니다.

얼마나 깊은 교제의 시간인지 정말 뜨겁게 말씀을 수 없이 읽고 또 읽었던 시간입니다.

지금은 한절 한절 말씀이 너무 깊고 무거워 그냥 읽지를 못하고, 하루종일 묵상하게 됩니다.

어떤 경우 한 어휘를 하루종일 묵상하고, 가슴이 뛰기도 하고 깊은 슬픔에 빠지기도 합니다.
주님의 마음인가 할 때는 압도되기도 합니다.
잃어버린 영혼을 마귀 사단에게 빼앗기는 이 시대에 주님의 깊은 통곡을 느낍니다.

그럴 때마다 전도지를 들고 중학교, 초등학교 앞에서 하교하는 아이들에게 예수님의 사랑과 죄와 심판을 전하게 됩니다.

믿음으로 산다

교회 안에서 많은 교인을 만나 이야기하고, 교제를 나누면서 발견한 것은 크게 두 가지입니다.

첫째는 여전히 불안하다는 것입니다.
둘째는 모든 것이 은혜이므로 그냥 산다는 것입니다.

구원의 전적인 은혜를 받고 삶이 달라진 것을 압니다.
교회 안에 이런 구원의 은혜를 경험한 교인이 많이 있습니다.
그런데 무엇을 더해야 하며, 어떻게 더 열심을 내야 하는지 불안하다는 것입니다.

은혜로 받은 구원이니 그 안에서 그냥 적당히 살아가면 된다는 위로를 받고 싶어합니다.

하나님 뜻이 가정과 이웃과의 관계 속에서 만들어지고, 하나님의 열정이 이루어 나가실 것을 믿는 믿음은 약합니다.

우리는 무엇을 믿는 것일까요?

은혜로 주어진 구원의 그 놀라운 신비는 알고 있습니다.

그러나 세상을 살아가는 동안 우리 안에서 일하고 계신 성령님을 경험하고, 지켜보고 실제가 되는 것을 세상에서 무엇을 성취하거나 물질을 얻었을 때 느낀다는 것입니다.

제가 가장 많이 들었던 말은,

하나님이 내 기도를 들어주셔서 집을 갖게 되었어,

자녀 기도를 들어주셔서 이런 직장에 들어갔어,

남편 병이 나았어 등.

수많은 고백이 세상의 성취와 연관된 것을 보면서 예수님의 말씀이 생각납니다.
"내가 믿음을 보겠느냐?"

예배 자리에 빠지지 않고, 말씀을 많이 읽고, 기도하고 전도를 하면 믿음이 있다고 생각합니다. 덜 불안하고, 해야 할 것을 했구나 위안이 됩니다.
제가 아는 분은 매일 오전 다섯 시간을 말씀 읽기와 기도를 합니다. 기도를 아주 유창하게 잘합니다.
그런데 입만 열면 남의 흉과 불만을 말합니다.

예수님과 기도로 사랑의 교제를 나누다 보면 생각나는 사람이 있고, 무엇을 하기 원하시는구나 떠오를 때가 있습니다.
세상에 살 때 제 인격으로는 생각해 낼 수 없는 부분입니다. 아주 작은 미움도 마음 아프게 하시고, 아주 작은 불평도 슬퍼하심을 느낍니다.

하루는 친구를 만나서 구례에 놀러갔을 때 친구의 친구가 오게 되었습니다. 어릴 적 친구라는데 같이 다니는 동안 너무 말이 많아서 정작 제 친구와 나누고 싶었던 말을 못해 아쉬웠습니다. 그래서 헤어질 때 지나가는 말로 말이 많은 저의 후배 이야기를 아주 잠깐 했습니다.

무슨 의도로 얘기한 것인지 모를 정도로 아주 짧게 하고 헤어져서 집에 왔습니다.
잠시 쉬려고 누웠는데 가슴이 너무 아파서 꼼짝할 수가 없었습니다.
마치 부모님이 돌아가신 것 같은 아픔이었습니다.
'왜 이러지' 하는데 갑자기 그 친구가 떠올랐습니다.

말이 많은 자매를 살짝 빗대어 이야기한 것이 하나님 마음을 아프게 한 것이구나 알게 되었습니다.
엎드려서 눈물로 회개 기도가 나왔습니다.
평소라면 울 일도 아닌데 그날은 그랬습니다. 울며 기도를 한 후 가슴 아프고 슬픈 마음이 사라졌습니다.

친구를 통해 알게 된 것은 그 친구를 하나님께서 너무 사랑하는 자녀임을 알게 된 것입니다.

하나님의 자녀는 구원을 받고, 성령님이 자신 안에 들어오시면 세상에서 살 때 느끼지 못했던 수많은 감정과 지각을 얻게 됩니다.

영혼을 향한 애끓는 사랑과 긍휼,
작은 미움의 불편함,
인내로 거두게 하시는 관계의 회복,
죄에 대한 새로운 시각,
악한 영의 주관,
하나님의 엄청난 사랑의 크기,
예수님의 십자가 순종,
성령님의 성품.

가라지의 양식

우리의 자아(혼)는 자신의 경험과 교육철학과 세상 가치관을 토대로 자신의 꿈을 성취하고 명성을 얻는 것(성공)을 선호합니다.

저는 50세에 교회 등록하기 전 약 100권의 성공학 관련 책을 읽었고, 자신을 어떻게 훈련하고, 마음 훈련을 하며 상대방과 좋은 관계를 맺고, 자기암시로 좋은 것을 상상하고, 생생하게 그리며 구체적으로 현실에 끌어당겨서 실제가 되게 하는지 늘 공부했습니다.

예수님을 만나고 난 후, 그 책들과 내 안의 거인을 깨우며 우주의 기운을 자신의 성공을 위해 암시와 긍정적인 되새김으로 혼을 훈련하는 모든 것을 버렸습니다.

그런데 교회에 다니면서 알게 된 것은 그것과 유사한 설교와 유사한 것을 믿는 교인들이 많다는 것입니다.

긍정적인 말을 하고, 쓰고 암기해서 세상의 성공과 자신이 바라고 원하는 것을 이루고 성취하려는 것입니다.

자기암시로 부와 명예를 불러오라는 말씀은 성경에 없었습니다.

가라지들이 이런 설교와 강의를 듣고 자라나는 것을 보았고, 십자가와 자기 부인과 죄에 대한 설교에 대해 거부감을 가진 교인이 많다는 것을 알고 놀랐습니다.

죄에 대해 바르게 알지 못한 사람들을 위해 많이 울면서 기도했습니다.

사단이 가라지를 흩뿌려서 교회에 진정한 알곡이 듣고 먹어야 할 말씀을 왜곡시키고, 변질시킨다는 것을 알게 되었습니다.

마지막 때 먹을 말씀이 거의 없어지는 것이 현실이 되었습니다.

교회 안에서 예수님의 팔복에 관한 설교를 듣기 어렵고, 하나님 나라가 이루어지기 위한 자기 부인과 자아의 죽음이 희박해지니, 그런 알곡 성도를 멸시하거나 부정하는 것이 세상보다 더 타락한 모습을 보게 됩니다.

성령님이 아니면 죄에 대한 그 깊고도 질긴 뿌리와 가지를 알 수 없기에 오직 기도와 간구로 오늘도 구합니다.

"주님, 성령님의 지혜와 명철로 우리를 인도하소서. 예수님의 십자가의 피흘림이 택하신 성도에게 뿌려진 것처럼 저들에게도 뿌려 주시고, 덮어 주시고, 깨끗하게 도말하여 주소서."

"내 백성이 지식이 없으므로 망하는도다 네가 지식을 버렸으니 나도 너를 버려 내 제사장이 되지 못하게 할 것이요 네가 네 하나님의 율법을 잊었으니 나도 네 자녀들을 잊어버리리라" (호세아서 4장 6절).

중보기도 2 - 하나님의 계획

 금요기도 중에 시누이와 시아버지가 걸인같이 남루한 모습으로 교회 건물에 들어오는 모습이 보였습니다.
 "시댁이 너의 사역지다." 하시는 말씀에 의지하여 4년 만에 시댁에 들어왔지만, 기도 중에 이런 모습을 보여 주시기는 처음이었습니다.

 갑자기 통곡이 터졌습니다.
 저는 조금 의아했습니다.
 그렇게 울 정도로 그들을 사랑하거나 구원을 위해 애타게 기도하지는 못했기 때문에 저의 통곡 소리는 낯설었습니다. 성령님의 마음이라는 것을 알 수 있었습니다.

시누이 부부와 시아버지는 공무원으로 있다가 은퇴를 해서 경제적으로 여유가 있었고, 불교와 유교와 주역 등을 아주 열심히 믿는 상태입니다. (고등학교 시절에 성당을 잠깐 다녔다고 합니다.)

그 후 새벽마다 3시경 깨워서 기도하게 하십니다.
때로는 피곤해서 그냥 잘 때도 있지만 악하고 미혹하는 영들을 보여 주시며 강력한 기도를 하게 하십니다.

시누이 남편은 부모님이 교회에 다니신 분들입니다.
두 분 다 돌아가셨으나 그분들의 기도가 지금까지 쌓여서 하나님의 계획 안에 있음을 믿습니다.

때로는 믿음이 흔들리고 약해질 때가 있습니다.
그때마다 하나님의 말씀대로 이미 이루어진 것을 선포하게 하십니다.

"믿음이 작은 자야 네가 나를 믿느냐."

두려움의 영

하나님의 말씀 중에는 두려워 말라는 명령이 많음을 보게 됩니다. 우리는 막연하기도 하고 익히 아는 단어로서 그 말씀을 생각도 하고 동의도 합니다.

그러나 제가 경험한 두려움은 막강하고, 강력하며 생명을 억누르고, 좌절의 가장 밑바닥까지 내려가서 도저히 살아갈 힘조차 없게 하는 그런 엄청난 영적인 억압이었습니다.

저를 전도한 아들이 집에서 나가지 않고 방에 스스로 갇혀 지내게 되었습니다. 저는 기도원을 찾아다니며 울부짖는 기도를 하고, 금식하고 매일 주님을 찾았습니다.

"좋으신 하나님은 곧 낫게 해 주실 거야."
믿으며 3년을 보냈습니다.
이제 믿음은 바닥나고 기도할 힘도 없었습니다.

2019년 그 해는 가장 힘든 저의 죽음의 해였습니다.
"주님, 저를 데려가 주세요, 저는 살아갈 힘도 믿음도 없어요."
매일 죽기를 바랐습니다.
하나님 보시기에 무책임하고, 인내하지 못하는 저의 모습이 얼마나 안타깝고 답답하셨을까요.

두려운 생각에 휩싸일 때는 모든 것이 두렵고 무서운 일이 가정에 일어날 것 같았습니다.
실체는 없는데 저는 그 두려움을 붙들고, 두려움을 묵상하고, 두려운 생각에 압도당했습니다.

이후에 알게 된 것은 두려움은 저의 생각과 감정에 의해 증폭되었고, 오히려 마음을 짓누르며 주인 노릇 하게 된 것입니다.

마음을 어디에 두고, 무엇을 생각하며 힘을 실어주는 가에 따라서 그 생각이 지배한다는 것을 알게 되면서 매일 말씀을 묵상하고, 선포하고 마음에 새기는 것이 무엇보다 중요한 과정임을 알았습니다.

생각과 감정에 집중하면 할수록 육의 생각은 증폭되어 마음과 몸까지도 장악해버린다는 것을 알았습니다.

중보기도 3

아들을 위해 기도할 때입니다.

갑자기 눈앞에 환상이 보였는데 어둡고 깊은 절벽과 같은 공간이 나타났습니다.

제 아들이 그곳으로 미끄러져 들어가는데 누군가 힘껏 밑에서 당기듯이 끌고 내려갔습니다.

그곳에 깊이 내려가면 큰일나겠다는 생각으로 통곡하며 주님께 매달렸습니다. 얼마나 울고 소리치고 바닥을 쳤는지 정신이 없었습니다.

한참 그렇게 하고 있는데 아들이 옆에 와서 무릎을 꿇고 제게 머리를 갖다 대었습니다.

저는 머리에 안수하며 기도하는데 얼마나 큰 소리로 악한 영을 내어 쫓는지 저의 큰 소리에 제가 놀랐습니다.

기도원에서 기도하던 분들이 "이제 나갔나보다." 했습니다.

그 일 이후 아들은 직장을 다니게 되었습니다.

하나님은 우리의 중보기도를 들어주십니다.

중언부언하는 기도는 마귀도 듣고 비웃는 것 같습니다.

악한 영을 쫓아내고 하나님의 말씀을 외치는 강력한 기도가 필요한 때입니다.

자녀를 위한 기도가 무엇보다 가장 필요한 이 시대에 자녀가 구원을 받는다면 내 목숨도 아깝지 않다는 생각이 듭니다.

사단은 우리를 바쁘게 만들어 생각을 분산시키고, 세상의 화려한 것을 갈망하도록 여행과 쇼핑과 드라마로 포장하는 것 같습니다.

자녀를 위한 애끓는 기도를 멈추게 하려고 합니다.

기도의 승리가 상황의 승리

기도하지 않을 때 마음에 갈증이 생기고, 만족함이 없음을 알게 하셨습니다.

기도다운 기도는 무엇일까 생각했습니다.
힘을 다하는 기도.
마음을 다하는 기도.
기도하고 싶은 마음을 주시도록 구하는 기도.
나의 의지와 최선을 담은 기도?
40일 작정기도?

하나님이 기뻐하시는 기도는 주님을 기뻐하며, 찬양하며, 감사하는 마음과 삶의 시간이 기도일 것입니다.

어떤 어려운 상황에서도 예수님을 생각하고, 눈물을 흘리며, 예수님의 십자가 고통이 실제가 되어 마음을 찌르고, 부활의 기쁨이 나의 부활이 되는 기쁨을 맛보는 기도.

예수님이 나와 함께 늘 계신다는 것이 실제로 느껴지고, 믿어지며 그 사실만으로 기뻐하며 찬양이 터질 때 주님은 이미 이루시고 승리하시고, 우리와 함께 계시므로 그 승리와 완성을 믿고 감사하는 것.

기도를 게을리하고 미루고 싶은 그 마음을 이기는 것. 그것이 주님 기뻐하시는 기도가 아닐까요.

스스로 혼자의 힘으로 할 수 없다는 것을 알게 하시고,
항상 성령님께 기도할 힘을 구하며,
감사할 수 있는 마음을 구하며,
기뻐하는 마음을 구하는 것.

그리고 그 누군가를 위해 기도할 때 그 사람이 기도할 힘을 얻게 된다는 것을 알게 해 주셨습니다.

기도할 힘조차 없는 지체를 위해 안타까운 마음으로 기도할 때 주님이 기뻐하시는 기도인 것 같습니다.

며칠 전 금요기도 시간에 둘째 시누이를 위한 기도를 하게 하셨습니다.

몸과 마음이 아픈 시누이를 위해 기도하는데 제 가슴이 너무 아파서 주먹을 쥐고 가슴을 치면서 기도하게 되었습니다.

한참을 기도하고 나서 아픈 마음이 조금 가라앉고 안정되었습니다. 시누이의 마음에 얼마나 큰 아픔이 있는지 전해졌습니다.

하나님은 그 자녀를 사랑하시고, 기도하게 하시며 치유를 위해 지속적인 기도를 하게 하실 것입니다.

방언 통변

2018년 감람산기도원에서 새벽에 기도하고 있을 때 하나님이 주시는 은혜가 있었습니다.

2012년 방언을 받고 난 이후에 저의 생각으로 기도를 시작하면 즉시 방언으로 바꾸셔서 하나님이 원하시는 기도를 하게 하셨습니다.

대부분 다른 사람을 위한 중보기도라는 것을 알게 되는데, 그 이유는 기도를 한참 하다 보면 떠오르는 사람이 있기 때문입니다.

그런데 대부분 기도내용은 알 수가 없었습니다.

이 날도 방언 기도를 하고 있었습니다.

갑자기 방언 기도 한 소절이 끝나면 통역이 한 소절이 되고, 또 그렇게 되고 그렇게 한참을 하면서 알게 된 것은, 대부분의 방언 기도가 하나님을 지극히 높이고 찬양하며, 이미 이루신 하나님 나라에 대한 감사와 찬양과 기쁨을 노래하는 내용이었습니다.

극존칭과 거룩하심에 대한 최고의 높임.
사람의 생각이나 말로 표현하기 힘든 천상의 높임이었습니다.
그 이후 방언의 내용에 대해 궁금해하지 않게 되었고, 찬양과 경배와 감사와 찬송의 기도를 매일 하게 하심을 더욱 감사하게 되었습니다.

언어로 통변을 주시지 않아도 누군가를 위해 기도할 때 하나님이 주시는 마음이 있고, 그분이 살아온 세월의 힘듦과 외로움과 고통을 느끼면 제 마음이 끊어질 듯이 아파서 흐느껴 울 때가 많습니다.

또 어떤 분은 기도 중에 질병이 있음을 알게 하시고, 손을 들고 기도하면서 질병이 나을 것을 믿게도 하십니다.

어떤 분은 갑자기 어려운 일이 생겼을 때 위로하는 마음을 주셔서 말없이 손을 꼭 잡게도 하시고, 가족구원을 위해 걱정하는 분은 그 집에 어떤 일이 일어나게 하셔서 다시 그분이 기도의 자리에 앉게도 하십니다.

하나님은 방언기도를 통해 서로 더욱 사랑하게 하시고, 질병을 낫게 하실 때도 있고, 구원의 역사를 이루시도록 상황을 만드실 때도 있는 것을 알게 하셨습니다.

성령의 속삭임

아이들을 지켜보면 사람의 본성이 자기 자신을 사랑하고, 손해를 보기 싫어하며 좋은 말만 듣기 원한다는 것을 알 수 있습니다.

조금이라도 무시하거나 대접받지 못한다고 느낄 때 서럽고 화가 나고 미움이 생겨납니다.

세상에서 살 때는 이런 성향이 당연하고 죄책감이 없었습니다. 어른이니까 안 그런 척하며 뒤돌아서서 화를 참거나 속상함을 다른 것에 풀었습니다.

며칠 전 시아버지가 반찬 투정을 하시는데 살짝 언짢았습니다.

예전 같으면 그런 시아버지가 마음속으로 못마땅하고 불편했을 텐데, 그렇게 느끼는 저의 마음에 아이들의 본성과 같은 자기 사랑과 자존심과 온유하지 못한 마음이 있음을 보게 되었습니다.

길을 걸으며 산책하다가 문득 부끄러운 마음에 주님께 고백했습니다.
"주님, 죄송해요. 저를 주님보다 더 사랑했어요.
주님을 사랑하면 주님의 말씀을 사랑하고 따를 텐데,
저 자신이 더 소중해서 말씀보다 제 감정을 더 중요하게 생각하고 묵상했어요. 용서해 주세요."

기도하고 나니 마음이 가볍고 시원했습니다.

제 감정과 마음의 상태에 집중하고 계속 생각을 놓지 않았다면 조금씩 서운함과 미움과 원망이 증폭되는데, 주님이 원하시는 대로 예수님이 주신 사랑을 묵상하니 성령님이 주신 감동으로 가득 채워졌습니다.

매일의 삶이 옛사람과 새사람의 선택에 있을 때 예수님을 더욱 사랑하게 되기를 바라고 원합니다.

저 자신의 감정과 생각을 더 사랑하여 붙들고 집착하기 쉬우니까요.

"오직 너희는 그리스도를 그같이 배우지 아니하였느니라 진리가 예수 안에 있는 것 같이 너희가 참으로 그에게서 듣고 또한 그 안에서 가르침을 받았을진대 너희는 유혹의 욕심을 따라 썩어져 가는 구습을 따르는 옛사람을 벗어 버리고 오직 너희의 심령이 새롭게 되어 하나님을 따라 의와 진리의 거룩함으로 지으심을 받은 새 사람을 입으라"

(에베소서 4장 20-24절).

이기는 자

하나님은 구원받은 우리를 하나님 나라가 필요한 곳으로 때로는 우리의 의사와 상관없이 보내십니다.

제가 아는 권사님은 평생 남편이 하던 사업의 복과, 자녀들의 복과, 하나님이 주신 많은 복을 받아 누리고 잘 사셨습니다.

60대 중반에 하나님이 일하시고 싶은 곳에 보냄을 받았습니다.

아프고 홀로 된 언니 집으로 오게 되었습니다. 몸이 불편해서 혼자 생활이 어려운데 고집이 너무 강한 분이었습니다.

하나님은 이 권사님이 언니를 위로하고 함께 예배드리고 사랑의 교제를 나누어 하나님 나라가 이루어지길 바라셨지만, 생활방식이 다르고 성격이 너무 달라서 매번 갈등과 다툼으로 관계가 더욱 나빠지게 되었습니다.

1년을 그렇게 화를 내고, 잔소리하고, 가르치려고 하며 권사님은 언니를 받아주지 않았습니다.

언니는 젊었을 때 교회에 다녔으나 몸이 불편해서 예배에 참여하지 못하고, 오랜 시간이 지나면서 믿음이 없어진 상태였습니다.

화가 나고 자존심이 상한 언니는 근처 절에 있는 중을 불러서 온 집 안에 부적을 붙이게 되었습니다.

그날 기도회에 갔던 권사님은 성령님이 크게 호통치는 음성을 들었습니다. 그러나 자신의 자존심과 고집을 지키는 것이 더 중요했던 권사님은 코로나가 끝나자 언니를 떠나 미국에 자신의 집으로 돌아갔습니다.

그 이후로 소식을 못 들었으나 권사님 마음에 평안과 주님 주시는 기쁨을 누리지 못하는 건 아닐지 염려가 됩니다.

하나님이 보내시는 최전방이 있습니다.

하나님의 임재가 없는 메마른 땅에 믿음의 성도를 보내어 하나님의 영광이 나타나기를 기대하고 원하는 곳이 있습니다.

주님께 사랑을 고백하고, 하나님만 의지하는 자를 보내셔서 그곳에서 십자가를 지신 주님과 연합한 삶을 살아내기를 바라십니다.

그의 종이며 증인인 우리는 죽음과도 같은 시간을 통과해야 하며, 오직 모든 능력이 예수님을 붙들 때 있음을 알게 됩니다.

내 생각과 경험을 붙들고 이길 수 없는 곳.
나의 자존심과 인격마저도 부인당하는 곳.

오직 주님의 말씀이 살아서 움직이며 기적이 일어나는 그런 곳에 꼭 보내심을 받게 됩니다.

이기는 자는 주님의 보좌에 앉게 하십니다.
구원받은 자는 이기는 자가 되어야 합니다.
우리를 위해 십자가를 지신 것처럼 고난받으신 주님만 바라며 주님만 더욱 사랑할 때 이기는 것입니다.

청함과 택함 그리고 제자

하나님의 청함을 받은 경우.

어떤 음성을 듣거나,
병이 치유 받기도 하고,
강한 빛을 보고 쓰러진다거나,
설교 말씀을 듣고 울었다든지,
어떤 감동으로 예배에 열심히 참석하게 되고,
귀신이 나가는 것을 보거나,
새벽마다 깨우셔서 기도하는 등,
하나님의 청하심은 너무나 다양하고,
신비한 방법이 사용되는 것 같습니다.

청함을 받은 교인은 다른 사람의 실수나 약함을 책망하고, 자신의 열심을 드러내며 작은 일에도 상처를 받습니다.

택함받은 자의 공통된 특징은,

죄에 대한 의식 인식이 세상에서 살아갈 때와 완전히 달라진다는 것입니다.
자신이 뿌리깊은 죄의 자녀라는 것을 알지 못하다가,
성령님의 조명으로 죄의 감당할 수 없는 무게와,
도저히 어찌할 수 없는 죄의 깊음과 지속성을 보며,
깊고도 철저한 탄식과 절망을 통해 오직 예수님의
십자가와 부활만이 소망이 된 성도입니다.
그래서 대화를 나누다 보면 택함받은 성도들은 실제로 드러나게 됩니다.

이런 성도는 죽음과 같은 연단의 시간을 지나야 하며 그 과정을 통해 제자가 되는 것입니다.

교회에 이런 제자가 많을수록 사랑이 넘치고, 오래참음과 온유함과 말의 절제로 연약한 자들을 살리고, 세우는 섬김을 통해 위로와 격려가 넘치게 됩니다.

제자는 가정을 변화하게 하며, 주변 친구나 지인들이 복음으로 새롭게 되어지는 하나님의 구원 사역의 도구가 됩니다.

인내

  오래 참음은 저의 의지나 노력으로 할 수 있는 것이 아니라는 것을 알게 되었습니다.

  성령이 내주하는 성도는 매일 인내를 구하며 주님께 하소연하고, 외치고, 울며 기도하므로 매 순간 숨 쉬며 버틸 수 있다는 것을 알려 주셨습니다.

  저는 힘들고 어렵고 지치는 시간을 버텨낼 수 없고, 원망과 불평과 비난과 부정에 익숙한 사람이었습니다.

  그런데도 밝고, 진취적이고 노력하는 좋은 사람인 줄 알고 살았던 것입니다.

  시댁에서 종갓집 며느리로 사는 것은 저에게 맞지 않았고, 술을 많이 마시는 남편도 참기 힘들었고, 매번 아프고 지쳐 있는 아들을 보는 것도 힘든 일이었습니다.

하나님은 그런 저에게 오래 참음의 연단을 통해 죄인인 저를 얼마나 오랫동안 기다리시고, 지켜 보호해 주셨는지 알게 하셨고, 눈물로 회개하게 하십니다.

매 순간 마음에서 불평과 불만이 올라올 때마다 주님은 한량없는 기다림과 사랑의 손길을 보여 주시고, 알려 주시고 느끼게 해 주십니다.
 그래서 회개의 눈물 외에는 드릴 것이 없는 저를 보게 됩니다.

"모든 은혜의 하나님 곧 그리스도 안에서 너희를 부르사 자기의 영원한 영광에 들어가게 하신 이가 잠깐 고난을 당한 너희를 친히 온전하게 하시며 굳건하게 하시며 강하게 하시며 터를 견고하게 하시리라 권능이 세세무궁하도록 그에게 있을지어다 아멘" (베드로전서 5장 10-11절).

저는 오래 참고 인내하고 견디는 것을 나의 힘으로, 노력으로 열정으로 하고자 했기 때문에 넘어지고, 실패하고, 좌절하고 실망과 패배를 겪어야 했습니다.

내 안에 계신 주님은 저를 강하고 굳세게 온전케 하신다고 약속하셨습니다. 그 순간이 제가 바라는 지금이 아니기 때문에 답답해하고 힘들어 한 것입니다

주님께서는 그 모든 것을 하실 수 있기 때문에 기쁨과 평강을 구하는 자에게, 상황보다 믿음을 구하는 자에게 하나님의 은혜를 주십니다.

어렵고 힘든 상황에서도 놀라운 평안과 감사의 선물을 주십니다.

사명

우리는 각자 하나님이 맡겨 주시고 부탁하신 사역지가 있습니다.

새로운 곳이거나, 익숙한 곳이거나, 시기와 때가 되어서 하나님이 옮겨놓으시는 곳.

그곳에서 밀려나거나 포기하거나 주저하거나 패배할 때 주님은 눈물을 흘리시며 노하시기도 합니다.

맡기신 곳에서 철저하게 우리에게 원하시는 한 가지는 그들을 위한 사랑의 섬김입니다.

사랑의 기도입니다.

내가 할 수 없는 것입니다.

그래서 더욱 낮추시고 또 낮추십니다.

나 자신에게 기대할 것이 하나도 없고, 선한 것이 없음을 통렬하게 알게 하십니다.

오직 선하시고 신실하신 주님만 바라보게 됩니다.

"그들은 잠시 자기의 뜻대로 우리를 징계하였거니와 오직 하나님은 우리의 유익을 위하여 그의 거룩하심에 참여하게 하시느니라 무릇 징계가 당시에는 즐거워 보이지 않고 슬퍼 보이나 후에 그로 말미암아 연단 받은 자들은 의와 평강의 열매를 맺느니라" (히브리서 12장 10-11절).

"선을 행함으로 고난 받는 것이 하나님의 뜻일진대
악을 행함으로 고난 받는 것보다 나으니라"
(베드로전서 3장 17절).

"또 자기 십자가를 지고 나를 따르지 않는 자도 내게
합당하지 아니하니라" (마태복음 10장 38절).

"또 무리에게 이르시되 아무든지 나를 따라오려거든
자기를 부인하고 날마다 제 십자가를 지고 나를 따를
것이니라" (누가복음 9장 23절).

치유 그 후

하나님은 초자연적인 방법으로 치유를 경험하게 하십니다.

그러나 치유는 하나님의 여러 가지 은혜 중 하나이며 작은 기적 중 하나입니다.

치유 그 후에 하나님의 깊고 놀라운 은혜의 세계를 경험하고, 누리고 연단 받는 것은 치유보다 더 크고 아름다운 은혜입니다.

2012년 6월 기도회에서 설교내용으로 회개의 통곡을 하고 있을 때 성령님의 음성이 들렸습니다.

"오른팔을 들어보아라."

"주님, 팔이 아파서 들지 못합니다."

오십견으로 석 달을 한의원과 병원 치료를 하고 있으나 차도가 없어서 통증으로 불편을 많이 겪고 있을 때입니다.

"들어보아라."

할 수 없이 조금씩 팔을 들어 올렸습니다. 반쯤 올리면 통증으로 내릴 줄 알았는데 쭉 뻗어졌습니다.

그 후 다시는 아픈 적이 없습니다.

2018년 비가 많이 내리던 날 옥상 계단에서 미끄러져 척추 5번, 7번을 다친 적이 있습니다.

시간이 지나면 수술해야 할 것 같다 하여서 정형외과를 다니게 되었습니다.

어느 날 수요예배 기도하는 시간에 너무 아파서 진땀을 흘리며 도저히 앉아 있지 못해서 낫게 해 주시기를 처음 기도했습니다.

따뜻한 기온이 등에 느껴지면서, '나았다' 하는 생각을 주셨습니다.

정형외과에 가서 엑스레이를 찍고 바로 펴진 것을 확인했습니다.

2021년 시아버지, 친정어머니, 큰아들이 한꺼번에 아파서 무리를 하게 되었고, 왼쪽 얼굴이 마비되면서 혀가 굳어져 병원에서 일과성 뇌허혈증 진단을 받았습니다.

MRA, MRI 촬영결과 경동맥 두 군데에 이상이 나타났습니다.

중보기도를 요청하였고, 2023년 재검사를 하였는데 이상이 없다는 결과가 나온 것입니다.

여러 가지 치유의 경험을 통해 하나님의 사랑은 무한대와 같고, 우리는 알 수 없는 놀라운 섭리를 경험하고 있습니다.

때로는 아픔과 고통을 통해 주시려는 사랑이 있으며, 인내와 오랜 눈물의 기도를 통해 단련하실 때도 있습니다.

어떤 방식이든 선하신 주님의 개입과 인도함이 있음을 알게 하시고, 우리의 시선을 아프고 외로운 이웃으로 돌리게 하시는 것 같습니다.

주님이 주신 말씀

2014년 처음 예배당에 나온 후 8년 동안 설교 말씀을 시작하면 눈을 감던 남편이, 2년 전부터 깨어 설교 말씀을 기록하기 시작했습니다.

그리고 학습 수료를 받을 때 기도 중에 주신 말씀입니다.

"내가 그들을 내게 범한 그 모든 죄악에서 정하게 하며 그들이 내게 범하며 행한 모든 죄악을 사할 것이라 이 성읍이 세계 열방 앞에서 나의 기쁜 이름이 될 것이며 찬송과 영광이 될 것이요 그들은 내가 이 백성에게 베푼 모든 복을 들을 것이요 내가 이 성읍에 베푼 모든 복과 모든 평안으로 말미암아 두려워하며 떨리라" (예레미야 33장 8-9절).

시아버지와 시누이를 위한 기도 중 주신 말씀입니다.

"그런즉 너는 이스라엘 족속에게 이르기를 주 여호와의 말씀에 너희는 마음을 돌이켜 우상을 떠나고 얼굴을 돌려 모든 가증한 것을 떠나라 이스라엘 족속과 이스라엘 가운데에 거류하는 외국인 중에 누구든지 나를 떠나고 자기 우상을 마음에 들이며 죄악의 걸림돌을 자기 앞에 두고 자기를 위하여 내게 묻고자 하여 선지자에게 가는 모든 자에게는 나 여호와가 친히 응답하여 그 사람을 대적하여 그들을 놀라움과 표징과 속담 거리가 되게 하여 내 백성 가운데에서 끊으리니 내가 여호와인 줄을 너희가 알리라" (에스겔 14장 6-8절).

한 달란트 - 각각 그 재능대로

각각 그 재능대로 다섯, 둘, 한 달란트를 주시고, 오랜 후에 돌아온 주인이 종들과 결산을 하는 마태복음 25장의 말씀은 저에게 이해하기 어려운 비유였습니다.

다섯을 남긴 종이나, 둘을 남긴 종에게 똑같이 말씀하십니다.

"착하고 충성된 종아 네가 적은 일에 충성하였으매 내가 많은 것을 네게 맡기리니 네 주인의 즐거움에 참여할지어다"

세상의 관점으로 보았던 저는 다섯과 둘이 어떻게 같은 칭찬을 받을 수 있는지 의아했습니다. 많은 성취와 크고 화려한 성공을 구하는 일이 당연한 세상의 가치가 예수님의 하나님 나라 비유에서는 적용되지 않은 것입니다.

수량화하고 외형의 크기와 업적을 내세우려고 애쓰는 것이 세상에서 살아가는 사람들의 보편적인 가치인데, 하나님 나라는 너무나 다른 새로운 관점이었습니다.

한 달란트를 그냥 두었다가 돌려주었는데, 주인님은 악한 종이라고 하십니다.

"악하고 게으른 종아 … 무익한 종을 바깥 어두운 데로
 내쫓으라 거기서 슬피 울며 이를 갈리라"

땅에 감추어 두었다가 그대로 돌려주었는데 이런 심한 말씀을 하시다니!

어느 날 제가 이웃을 위해 기도하고 만나는 이웃분과 함께 이야기 나누고, 식사하고, 차를 마시며 그분들의 고충을 듣고 위로하면서 한 달란트를 가지고 열심히 이웃을 섬기고 있는 종의 모습을 상상하게 되었습니다.

주인은 이런 모습을 원한 것일까?
악하고 게으른 종은 한 달란트를 땅에 묻어두었습니다.

작은 달란트를 받은 것이 쓸모가 없다고 여기며 스스로 재능이 없다고 원망하며, 주인이 굳은 사람이므로 심지도 않고 거두기만 하는 두려운 존재로만 생각한 것입니다.

주인은 저의 재능대로 저에게 한 달란트를 맡기셨고, 저는 그 달란트를 이웃과 함께 사랑을 나누고, 섬기는 일에 사용하고 있으니 주인이 돌아오시면 칭찬을 받게 되리라 믿어졌습니다.

"착하고 충성된 종아 네가 적은 일에 충성하였으매 네 주인의 즐거움에 참여할지어다"

그때부터 식사 비용, 차 마시는 비용, 선물 비용 등을 염려하지 않고 이웃을 섬기는 일에 사용하게 되었고, 누구를 만나든 주 안에서 사랑을 나눌 수 있는 종이 되기를 하나님께 구하게 되었습니다.

교회의 크기와 교인의 수, 헌금의 많고 적음을 하나님의 자녀들이 서로 비교하며 우월감을 가진다면 세상의 가치와 다를 것이 없습니다.

연말이 되면

예수님을 잊고 살아가는 시간 동안 외롭고, 불안하며 원인을 알 수 없는 우울감과 허전함 막연한 절망과 인생의 덧없음을 느끼며, 삶의 풀리지 않는 허무를 연말이 되면 더 많이 생각하며 살았습니다.

고등학교 3년 동안 주일예배를 빠지지 않았던 제가 20살에 교회를 떠나게 된 것은, 고3 때 제가 다니던 교회에서 목사님과 교인 간에 끝이 없을 것 같은 분쟁과 다툼 갈등을 보게 되었습니다.

주일마다 괴로워하면서 눈물로 울며 기도했던 기억이 납니다.

재수를 하려고 서울에 왔는데 어떤 교회를 가야할지 두렵고 무서웠습니다.

어른들이 교회에서 그렇게 다투고 화내는 모습을 오랫동안 봐왔기 때문에 어느 교회도 들어가기가 망설여졌습니다.

그래서 그냥 혼자 마음으로 믿자고 생각했고, 그렇게 시간이 흐르다보니 자연스럽게 말씀도 예배도 잊혀져 갔습니다.

30년이란 시간이 지나서 예수님 이름이 들리는 곳에서 예배 때마다 선포되는 성경말씀을 듣는 것은 천국과 같이 기쁘고 행복합니다.

연말이 되면 본당 앞에 "기쁘다 구주 오셨네" 글이 적힌 현수막을 걸어놓습니다.

그 글을 볼 때마다 얼마나 감격하게 되는지 눈물이 흐릅니다.

이 땅에 오신 예수님으로 인해 기쁨과 평안함을 이렇게 누릴 수 있는 것이 너무나도 놀라운 기적입니다.

12월이 되면 예전의 저처럼 외로움과 절망과 허무함의 고통 속에 계시는 분들이 많을 텐데, 그 많은 분들을 위해 제가 기도하지 못하니 제 주변에 계시는 분들을 위해 기도합니다.

"주님, 저들을 불쌍히 여겨주세요.
그들을 만나주세요."

믿는 한 사람이 그 주변 사람을 위해 기도하고, 위로하고 격려하면 모든 사람들이 마음을 열고, 예수님을 만날 수 있을 것 같은 소망이 생깁니다.

연말이 되면 가족, 이웃, 친구, 동료, 친척 분들을 다시 한 번 돌아보게 됩니다.

"주님, 저들을 구해주세요."

이미 이루심

　에베소서를 읽을 때마다 주시는 은혜는 저에게 특별합니다.

　창세 전에 택하사
　그 기쁘신 뜻대로 우리를 예정하사
　아들들이 되게 하셨으니,
　우리는 그리스도 안에서 그의 은혜의
　풍성함을 따라 그의 피로 말미암아
　속량 곧 죄사함을 받았으니,
　그 뜻의 비밀을 우리에게 알리셨으니,
　우리가 예정을 입어 그 안에서 기업이 되었으니,
　약속의 성령으로 인치심을 받았으니,

모든 말씀이 완료형입니다.

저는 이 말씀을 제대로 알게 되면서 말로 할 수 없는 기쁨과 희열과 감동과 자유를 느꼈습니다.

제 마음이 힘들거나 지쳤을 때나 어려운 상황에 있을 때에도 근본적으로 이미 이루어 놓으신 주님의 약속 앞에서 믿기지 않는 자유함과 여유를 가지게 되었습니다.

너무나 힘든 시간에는 잊어버릴 때도 있었지만, 좌절의 순간에도 함께 하신다는 약속의 말씀으로 인하여 일어설 수 있었습니다.

조급함이나 불안, 슬픔과 좌절, 자존심 상함, 높아지려는 마음에서 조금 떨어져서 저의 생각과 행동을 말씀의 기준에서 분별할 수 있는 지성을 주신 것입니다.

예전의 저 안에는 없던 것입니다.

어떤 상황도, 어떤 실수나 실패에도 그 누구도 빼앗을 수 없는 제 마음 깊은 곳에 감사와 감격과 자유함을 주신 것입니다. 할렐루야!

개인의 영성과 실력

개인의 영성을 쌓아가고 깊어지는 노력을 하게 될 때 저에게 주님은 많은 은혜를 주셨고, 놀라운 기적과 기도 응답을 경험하게 해 주셨습니다.

말씀을 읽고, 듣고, 새길 때마다 말로 다 할 수 없는 지혜와 통찰력을 주시고, 분별력을 주셨습니다.

세상 책에서 지식을 얻던 저는 주님이 주시는 은혜로 영생의 말씀을 알게 되면서 참 빛을, 진리를, 길을 알게 된 것입니다.

찬양을 부를 때마다, 눈물이 걷잡을 수 없이 흐르는 은혜도 주셨습니다.

기도할 때마다, 놀라운 영의 세계를 열어 주셨습니다.

그런데 조금 힘든 순간에,
사람들로 인해 마음이 힘들 때마다,
어떤 일이 계획대로 되지 않을 때,
가족이 어려운 일을 당하고,
가까운 사람이 힘들어지거나,
제 생각과 다르게 일이 진행 되어질 때,
무시당하거나 소외된 순간에,
담당한 아이와 통화하지 못하거나 만나지 못할 때,
저의 개인 영성으로 이 상황들을 이겨나갈 실력이 없을 때가 많았습니다.
참으로 많은 좌절을 하면서 기도하고 구했습니다.

주님은 율법이냐, 사랑이냐 그 기준으로 이웃에게 매 순간 어떻게 실천해야 하는지 말씀으로 많이 알려 주셨습니다.

선한 사마리아인처럼 되려고 저 스스로 선하게 행동하려고 했을 때마다 좌절하고 힘들어진 것입니다.

선한 사마리아인처럼 모든 율법에서 자유하신 사랑의 예수님을 온전히 구할 때, 주님이 주신 그 사랑의 힘으로 저를 단지 통로로 붙들어 사용해 주실 때, 상황을 이기는 것이 가능한 것임을 알게 하셨습니다.

아프고, 쓰라리고, 외롭고, 슬프고, 고통스럽고, 상처받고, 좌절하고, 처참할 때 눈물로 주님 앞에 두 손을 모으는 실력이 진짜인 것 같습니다.

오해받기 싫어서,
마음에 힘든 것을 피하려고,
사람을 멀리하고 외면하면서,
자신의 영성을 쌓아 올리는 것만 찾는다면,
언제나 실력없는 어린아이가 된다는 것을 알게 되었습니다.

꿈

  2020년 1월 1일부터 3일까지 똑같은 꿈을 꾸었습니다.
  사방으로 피가 점점이 뿌려지며 포물선을 그리며 흩어지는 것입니다.
  너무 놀랍고 염려가 되어 기도원을 찾아가서 일주일 동안 기도를 했습니다.

  저의 가정에 좋지 않은 일이 일어날까 염려도 되고, 꿈이 무엇을 말하는지 알고 싶어서 주님께 기도드렸습니다.
  아무 대답이 없으셨고, 제 마음은 조금 안정되어서 돌아왔습니다.

2월이 되어 코로나가 시작되었을 때 제 꿈이 생각났습니다. 3일 동안 똑같은 꿈을 꾸었기 때문에 코로나가 오랫동안 지속될 것 같았습니다.

2023년 1월 1일 제 꿈은 피가 포물선을 그리는 것이 아니라 큰 강이 되어 모여 있는 꿈을 꾸었습니다.
너무 놀라서 나라를 위한 기도를 먼저 드리고 앞으로 일어날 일이 염려되었습니다.

피가 강이 되는 꿈은 제가 처음이어서 어떤 일이 일어날지 모르지만 큰일이 오랫동안 지속될 것 같았습니다.

나라와 열방을 위한 중보자들의 기도가 더욱 필요한 시기인 것 같습니다.

주님은 매순간 눈물로 애통해 하며 하나님의 은혜를 구하는 중보기도를 하게 하십니다.

환상과 기적 ≠ 그리스도의 제자

50세에 교회 등록하고 10년 동안 많은 일들이 일어났습니다.

환상도 기적도 체험하게 해 주시며 하나님의 살아계심을 알게 하시고, 믿음을 넣어 주시고, 매순간 주님께 기도할 마음을 주셨습니다.

시간이 지나서 이제야 보이는 것은 그 모든 것이 저를 그리스도의 제자로 만드시려는 하나님의 열심과 신실하심이었다는 것을 알게 된 것입니다.

저의 특별함도 저의 믿음 강함도 아니며, 성경을 많이 읽은 것도, 기도를 남들보다 많이 한 것도 아니었습니다.

하나님 떠나서 30년간 세상을 붙들고 매달리며 애쓰고 힘쓰며 얻고자 한 것이, 하나님을 아는 것과 비교할 수 없다는 것을 알게 하시려는 하나님의 일방적인 사랑과 부르심이었음을 발견하게 된 것입니다. 할렐루야!

오히려 제가 그리스도의 제자가 되어가는 과정은 아들을 통해 오래 참고, 온유하며, 인내로 주님만을 찾고, 구하는 과정을 버텨낼 힘이 없는 약한 사람인 것을 알게 된 순간부터입니다.

제 안에 있다고 생각했던 믿음도 그 놀라운 체험의 기억도 아무 힘이 되지 않는 순간이 왔을 때, 비로소 믿음도 사랑도 주님이 부어 주셔야 하는 전적인 은혜임을 알게 되었을 때부터입니다.

믿음이 약한 지체를 판단하고, 오랜 신앙생활을 했던 지체들을 비난했던 저의 부끄러운 모습과 맞닥뜨렸을 때, 기도를 잘하고 많이 하고 있다는 자만감이 부끄러워서 얼굴을 못 들게 된 그때부터였습니다.

누구도 나보다 못난 사람이 없음을 알게 되었을 때 그리스도의 제자로 첫걸음을 뗀 순간이었습니다.

이런 저를 버리지 않으시고, 붙들어 주시고, 끝까지 함께 하겠다고 약속까지 해 주신 주님이 얼마나 감사하고 황송한지요.

그러므로 저는 기뻐하며 춤춥니다.
문제는 있지만 미리 걱정하지 않으니 자유합니다.

"또 형제들아 너희를 권면하노니
게으른 자들을 권계하며
마음이 약한 자들을 격려하고
힘이 없는 자들을 붙들어 주며
모든 사람에게 오래 참으라
삼가 누가 누구에게든지
악으로 악을 갚지 말게 하고
서로 대하든지 모든 사람을 대하든지
항상 선을 따르라
항상 기뻐하라" (데살로니가전서 5장 14-16절).

주님의 계획

2024년 1월 15일 시아버지는 89세로 육신의 삶을 마치게 되셨습니다.

몇 달간 성령님의 강권하심으로 매 순간 치열하게 기도하게 하셨습니다.

오랜 시간 시아버지 안에서 역사하고, 아버님의 모든 것을 사로잡아 왔던 어둠의 영을 향해 꾸짖고, 명령하는 기도를 하게 하신 것입니다.

복음을 전할 때마다 "나한테 그런 말 하지 마라" 하시며, 손을 저으시며 고개를 돌리던 모습에 저의 마음은 낙심이 생기고 좌절하게 되었지만 주님은 끝까지 기도하게 하셨습니다.

돌아가시기 2주 전에 교회에서 기도하던 중 온몸에 무서움이 갑자기 엄습했습니다.

등 뒤에 크고 무거운 어둠의 영이 두 개가 버티고 서 있는 것이 느껴졌습니다.
두려움이 올라오는 순간 기도는 더 강력해졌고, 한참을 집중해서 기도하게 도우셔서 마침내 어둠의 두 영은 떠나갔습니다.

시아버지를 마지막으로 뵈었던 날, 아버님은 환하게 웃어 주셨습니다.

우리의 생각으로 그만해도 될 것 같은 중보기도를 마지막 순간까지 하게 하시는 주님의 크신 사랑 앞에 감사와 찬송과 존귀와 영광을 드립니다.

마무리하며

저의 열정과 열심, 헌신, 충성과 봉사를 하나님이
기뻐하실지 의문이 생길 때 문득 저를 돌아봅니다.
예수님의 십자가에 함께 죽었던 제가 다시 살아나
홀로 힘쓰고 애쓰는 모습을 봅니다.

말씀을 읽고 기도하고 예배에 참여하고 있지만,
자아가 펄펄 살아서 모든 생각과 행동의 주체가 된
'나'를 봅니다.
 끊임없이 '나'를 우상처럼 높이고, '나'를 드러내려는
욕망을 봅니다.

이렇게 완악한 저를 오늘도 용서하시고, 인내하시는
하나님의 사랑 때문에 숨을 쉬며 기뻐하며 눈물로
감사하게 됩니다.

하나님의 성실하심과 인자하심에 의지하여,
오늘도 주님만 자랑하며,
주님께 받은 사랑을 나누며,
주님 주신 힘으로 살기 원합니다.
마라나타 아멘.

"나에게 이르시기를 내 은혜가 네게 족하도다 이는 내 능력이 약한 데서 온전하여짐이라 하신지라 그러므로 도리어 크게 기뻐함으로 나의 여러 약한 것들에 대하여 자랑하리니 이는 그리스도의 능력이 내게 머물게 하려 함이라" (고린도후서 12장 9절).

음 성

The Voice of God

초판 펴낸 날 2024년 5월 8일

지은이   이춘화

펴낸이   김종관
북디자인 함명희
사 진   류병원
펴낸 곳 도서출판 에벤에셀
등록번호 제2-1587호
등록일자 1993년 7월 15일
주 소   서울특별시 중구 필동로8길 65
전 화   (02) 2273-8384, 팩시밀리 (02) 2273-1713
이메일   ebenbooks@hanmail.net
홈페이지 www.ebenbooks.com

Copyright©이춘화, 2024, printed in Korea
ISBN 979-89-6094-146-5 03230

값 15,000원

이 책은 저작권법에 따라 보호받는 저작물이므로 무단 전재와 복제를 금합니다.
지은이와의 협의로 인지는 생략하며, 잘못된 책은 교환해 드립니다.
본서는 전자출판진흥사업에서 제공된 Kopub world, 함초롬체를 사용하였습니다